Este livro pertence a:

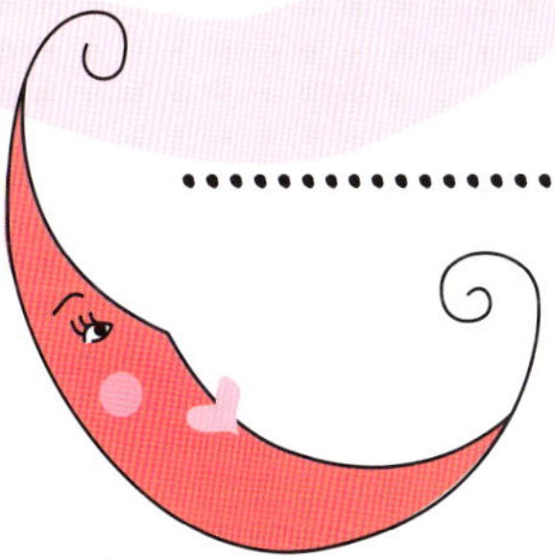

....

Direção de arte: Trini Vergara
Edição: Lidia María Riba
Colaboração editorial: Silvina Poch
Programação visual e ilustrações: S|L Estudio
Tradução para o português: Priscilla Bulhões
Revisão: Josias A. Andrade

www.livropresente.com

Rua José Felix de Oliveira, 1205 - CEP 06708-645 - Granja Viana - Cotia - SP
Tel./Fax: (55-11) 4612-2866 • e-mail: editoras@livropresente.com.br

ISBN 978-85-7683-095-5

Impressão e acabamento: Geográfica e Editora Ltda.
Printed in Brazil

Mastromarino, Diane
Ser teen : um guia para sobreviver e curtir essa etapa /
Diane Mastromarino ; [tradução para o português Priscilla Bulhões].
-- Cotia, SP : Vergara & Riba Editoras, 2007.

Título original: Being a teen
ISBN 978-85-7683-095-5

1. Literatura infanto-juvenil I. Título.

07-8436 CDD-028.5

Ser teen

Um guia para sobreviver e curtir essa etapa

Diane Mastromarino

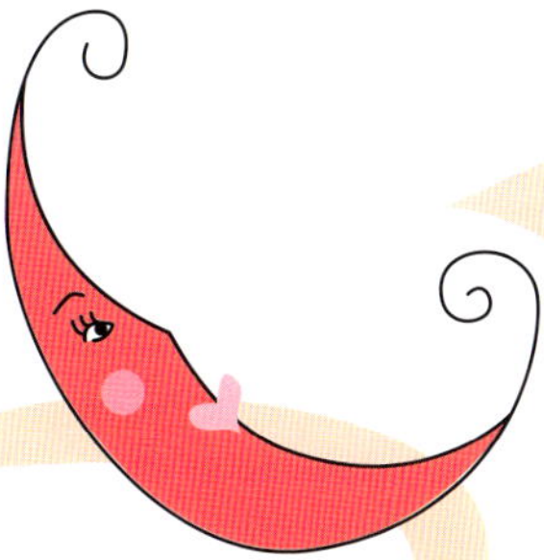

V&R Editoras

Obrigada

Aprendi muito com as pessoas que caminharam ao meu lado na vida, e sou grata a todos os que deixaram sua marca na minha alma e sua lembrança no meu coração...
Agradeço aos meus pais por me deixarem cometer os meus próprios erros e por amortecerem as minhas quedas com amor e compreensão.
Quero agradecer às minhas amigas por terem compartilhado uma amizade que durará toda a vida e por terem estado sempre presentes para mim, mesmo quando eu não estive para elas.
Embora eu nunca tenha imaginado que diria isso, quero agradecer aos muitos namorados que partiram o meu coração.
Sou mais forte e mais sábia por tê-los conhecido.
E à minha irmã... tudo o que sei aprendi com ela.

Consegui!

De alguma maneira consegui sobreviver à adolescência e agora estou às portas da vida adulta, com uma caneta na mão. Embora preferisse não olhar para trás, sinto necessidade de contar que não foi tão ruim como pareceu, que, por exemplo, embora tenha chorado muito mais vezes do que era necessário, no final consegui passar em todas as matérias de que não gostava. Depois de deixar para trás a minha adolescência, decidi escrever este livro como lembrança constante daquilo que não se deve fazer ao entrar nessa maravilhosa fase. Provavelmente você vai rir muito ao lê-lo... E vai curtir os excelentes poemas e citações, alguns escritos por adolescentes, outros por autores reconhecidos.

Tenho certeza de que, se você é uma teen, está farta de ouvir um coro de vozes chatas dizendo o que você deve fazer. Precisamos cometer nossos próprios erros. Todo mundo precisa; faz parte do processo de aprendizagem. Os outros nos dizem o que fazer, mas escolhemos o contrário e, ao fazer isso, muitas vezes nos enganamos.

Podemos ignorar os "Eu avisei", mas em geral os escutamos sem ouvir, revirando os olhos e concordando com a cabeça até que nossas figuras de autoridade cansam de nos dar sermões. Depois voltamos a cometer erros parecidos uma e outra vez. É um círculo vicioso, mas muito instrutivo.

Sei que a minha cabeça dura provavelmente teria me impedido de aceitar conselhos de quem quer que fosse. Mesmo assim, não consigo deixar de pensar que teria evitado muito sofrimento e vergonha se soubesse antes o que eu sei agora. Por isso, como eu NÃO sou sua mãe nem seu pai, nem tão velha a ponto de não entender o que está acontecendo no mundo das meninas hoje em dia, espero que você encontre certo consolo nas minhas palavras. Isso porque, independentemente do que você sente a maior parte do tempo, você não é a única que está passando por essa situação. De qualquer forma, é bom saber que alguém cometeu erros mais ridículos do que os que você está cometendo agora... e, acredite, eu cometi.

Seja você mesma...

Algumas pessoas serão suas amigas
por quem você conhece.
Algumas pessoas serão suas amigas
pela sua posição.
Algumas pessoas serão suas amigas
pela sua aparência.
Algumas pessoas serão suas amigas
pelo que você tem.
Mas os únicos amigos verdadeiros
são aqueles que são seus amigos
porque gostam daquilo que você é por dentro.

Susan Polis Schutz

Seja você mesma; o mundo se beneficiará com o seu talento e seu senso de humor. Procure pessoas que gostem de você, que a apreciem pelo que você é e a incentivem a melhorar. Não se conforme com menos do que pode chegar a ser: existe grandeza dentro de você.

Bill Cross

Nem sempre é fácil crescer

Nesta fase da vida
há muitas decisões a tomar,
e muitas mudanças
na família e nos amigos.
Sabendo ou não o que você quer ser,
pensar no futuro pode ser angustiante.
O estudo, talvez também o trabalho,
ou as duas coisas juntas,
consomem tanto tempo e energia
que parece não sobrar muito
para se divertir e descansar.
O futuro pode não parecer
tão excitante como antes,
e inclusive, às vezes,
parece um pouco angustiante.
A liberdade que vem com a vida adulta
traz consigo muita responsabilidade.
Exigem mais do seu tempo,
tratam-na como criança
em alguns aspectos, mas em outros,
esperam que você se comporte como adulta.

Faça o melhor que puder.
Obedeça ao seu coração
e apele para o bom senso.
Acredite em si mesma e nos seus sonhos.
É provável que você tenha de fazer
alguns sacrifícios
e trabalhar muito por um tempo,
mas os sonhos valem o esforço.
Suas escolhas
e o modo como viver a sua vida
decidirão o seu futuro.
Cada dia é precioso;
cada momento, único.
Aprenda a aproveitar e a apreciar a beleza
e aqueles que a cercam.
Encontre tempo para a diversão,
e também para o trabalho.
Você verá que o presente
e o futuro
podem ser tudo aquilo que você espera.

Barbara Cage

Tintura cor tangerina...

Não se aproxime de nenhum produto para tingir o cabelo cujo nome tenha a ver com comida... especificamente com frutas. "Mas parece tão bonito na caixa", eu falei, insistente, para a minha mãe. E, ainda por cima, emendei nesta frase uma outra que depois entendi que nunca funciona: "Mas, mãe, todo mundo faz". "E se todo mundo se jogasse de uma ponte, você também se jogaria?", ela perguntou. Eu não podia responder isso, mas estava decidida a ser ruiva porque a menina mais popular da escola tinha me dito que tinha tudo a ver com o meu rosto (embora eu não soubesse o que ela estava querendo dizer com isso).

Na época da minha adolescência (e na de todo mundo) surgiram milhões de tendências e modas que chegavam com força e, embora parecesse que iam durar para sempre, todas deixaram de ser usadas e nunca mais voltaram.

Infelizmente, a nova cor do meu cabelo não desapareceu com a mesma facilidade, nem me fez ficar mais popular.

As palavras que eu usaria para me descrever nessa época seriam "sem graça". Mais do que tudo, eu queria fazer parte do grupo privilegiado das meninas lindas, seguras de si mesmas, aquelas que estavam na moda e que os meninos veneravam. Queria ser uma daquelas meninas que todo mundo acha perfeitas, e teria feito qualquer coisa para entrar nesse grupo, para me integrar. Não sei o que me fez pensar que a cor "tangerina no crepúsculo" ficaria bem em alguma coisa que não fosse um prato de frutas. Quando apliquei a tintura no meu cabelo loiro, o vermelho não pegou e a minha cabeça ficou parecendo um ovo alaranjado berrante. Como resultado, qualquer coisa que escondesse o cabelo passou a ser essencial no meu guarda-roupa... e tudo isso para me integrar.

A moral da história é que, enquanto está crescendo, o mais importante é ser você mesma. Infelizmente, essa fase está cheia de tensões devido às tentativas de se encaixar no grupo e ser popular. Ser popular é um estado de espírito.
Os verdadeiros requisitos para ser popular são mostrar confiança em si mesma e ser uma pessoa com quem os outros desejem estar. Não tem nada a ver com a roupa da moda, com ter um corpo perfeito nem com quem seja seu namorado.

Você nunca deve tentar mudar a pessoa que você é para caber num padrão alheio. Seja você mesma e tente ser amiga de todas as pessoas que puder, de todo tipo de grupos diferentes. Se você for aberta, vai poder experimentar muito mais. Sempre existirão pessoas que se sentirão atraídas por quem se veste do mesmo jeito que elas ou pratica os mesmos esportes, mas não é isso que garante uma amizade ou um relacionamento amoroso. O que importa é o tipo de pessoa e de amiga que você é. A popularidade não vem numa embalagem, e um dia você vai entender como é mais fácil ser simplesmente você mesma.

Quando você se conformar em ser você mesmo e não se comparar nem competir, todos o respeitarão.

Lao-Tzu

Sapatos masculinos

Não se pode mudar as pessoas. Você deve estar se perguntando o que isso tem a ver com sapatos masculinos. Pois bem, eu sou fascinada por sapatos. Se não gosto dos sapatos de um menino, não saio com ele. É um conceito ridículo e tenho consciência disso, mas quero livrar você de fazer uma coisa desse tipo.
Uma vez eu saí com um menino que era, sobretudo, um excelente namorado... mas os seus sapatos deixavam um pouco a desejar. No Natal, lhe dei de presente um lindo par de botas. Ele as odiava. Eu as adorava. Eu vivia lhe dando indiretas sobre o que estava na moda e, depois de um tempo, ele cansou das minhas armações e das minhas inúmeras tentativas de melhorá-lo. Falou que, se eu não estava satisfeita com o jeito dele, não devíamos ficar juntos. Ele tinha razão. Era um cara super e eu o deixei sair da minha vida com um par de sapatos que custou uma fortuna.

Trata-se de algo mais do que de sapatos. É uma lição de vida que se pode aplicar a qualquer tipo de relação. Não podemos moldar as pessoas a fim de transformá-las numa coisa que não são. Não dá resultado. E não podemos tentar fazer com que alguém seja perfeito. Ninguém é.

Existe um motivo para as pessoas serem como são e, independentemente do que você pense disso, com certeza elas são felizes assim. Não é justo pedir que elas mudem, como também não é justo que alguém tente transformar você numa pessoa que você não é. Todos nós somos diferentes e temos nossa visão e nossas ideias sobre a vida e sobre como vivê-la. Isso não se aplica só ao estilo de uma pessoa, mas também às suas crenças morais e religiosas.

Aceite as pessoas por tudo o que elas são; aprenda com as diferenças e assimile o que puder de suas experiências com os outros.
Se uma pessoa faz você se sentir desconfortável (e tomara que seja por uma razão melhor que o estilo dos seus sapatos), talvez você fique melhor sem ela.

Ame o seu corpo...

Algodão e adstringentes

Aproximadamente uma semana antes da festa de formatura, saiu uma enorme espinha no meu rosto. O fim do mundo? Quase. O meu banheiro parecia uma farmácia, e experimentei todas as receitas possíveis (pasta de dente, bicarbonato, suco de limão) para eliminar a espinha. Dois dias antes da grande noite, tive uma ideia brilhante (sinal seguro de que se aproxima um desastre). Coloquei um algodão com um líquido adstringente na minha bochecha esquerda antes de dormir e o colei bem. Na verdade, cheguei a pensar em patentear essa cura milagrosa.

Quando acordei, estava com uma enorme mancha vermelha no rosto, e a espinha continuava ali, intacta, bem no meio. Acho inclusive que a ouvi rir de mim. De alguma forma, depois de muita explicação e muito dinheiro gasto em maquiagem, sobrevivi à festa. Até me achei bem sensata quando a minha melhor amiga me contou o que tinha acontecido com ela. Ela teve que fingir que o seu insólito acidente com um secador de cabelo tinha sido uma reação alérgica. Na verdade, tinha tentado secar a espinha que apareceu na testa. A gente só exagerava um pouco.

Quase todo mundo tem algum tipo de acne em algum momento da vida. Infelizmente para a maioria, isso acontece na adolescência, quando ser bonita parece vital para sobreviver. A palavra-chave para melhorar a pele é "suave", palavra que eu admito ter descartado do meu vocabulário assim que a ouvi da boca da minha mãe. "Use uma loção de limpeza suave", ela aconselhou. "Enxugue o rosto com palmadinhas, não esfregue, use uma loção tônica suave e pare de se espremer."

Eu optei por ignorar tudo isso e, anos mais tarde, me dou conta de que às vezes a minha mãe sabia o que dizia. Lavar excessivamente o rosto pode ressecar a pele e provocar mais erupções. Se a acne está dominando a sua vida, consulte um dermatologista. Provavelmente ele receitará algum medicamento. Não espere milagres de um dia para o outro. Leva tempo. E isso não é o fim do mundo. Em geral, os outros nem sequer reparam nas coisas que tanto nos esforçamos por disfarçar. Mas percebem as queimaduras.

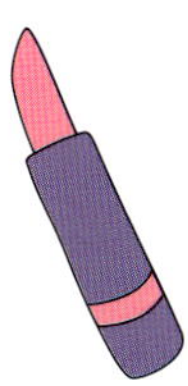

Comprimidos para emagrecer

Não tome. Basicamente, esses comprimidos que prometem fazer você perder quilos da noite para o dia são tão ridículos quanto tomar iogurte de ponta-cabeça (sim, eu também experimentei essa dieta). Além disso, eles também podem ser extremamente perigosos. Eu comecei a tomá-los, nunca sentia fome e, portanto, comia poucas vezes. Estava achando maravilhoso... até que me vi estirada de bruços no chão do ginásio, perto da esteira onde tinha desmaiado. Como a gente explica essa queda para a nossa mãe? Ou, pior ainda, para o garoto lindo que teve que me levantar? Não é a melhor maneira de arranjar um pretendente.

Existem maneiras saudáveis para reduzir o peso e não recuperá-lo. Pegar o caminho que parece mais fácil não é o mais indicado.
É tentador, com tantas dietas que vemos por aí. Eu sei.
Eu experimentei de tudo, desde comer uma toranja antes de cada refeição até passar três semanas tomando sopa de repolho.

As dietas da moda não dão resultado.
Eu passei mais da metade da minha vida fazendo-as.
Sempre me sentia gorda mesmo que não estivesse.

É muito importante se dar objetivos possíveis de alcançar.
Seja justa com você mesma. Faça exercícios, beba água e coma verduras. Assim conseguirá um corpo saudável e esbelto.

De dentro do coração de uma adolescente...

Deem-nos a possibilidade dos nossos pequenos desejos, de vestir nossa própria roupa, de viver nossas rebeliões inofensivas. Dêem-nos a oportunidade de cometer erros, de cultivar nossos jardins especiais. Tolerem nossa indecisão enquanto aprendemos e mudamos de ideia. Não nos conduzam, ou não aprenderemos a caminhar sozinhas, a ver ou a dizer o que pensamos.

Ouçam antes de nos julgar; nós também temos razões e sentimentos profundos. Lembrem-se de que devemos perseguir diferentes sonhos até encontrar aquilo que podemos fazer melhor.

Confiem nas nossas ações e decisões, mesmo que sejam diferentes das suas. Deem-nos a coragem para nos arriscar, para saber que, se cairmos, não estaremos sozinhas. Tenham paciência com os nossos desejos enquanto realizamos nossas ideias. Demonstrem-nos que viemos de um lugar seguro ao qual poderemos voltar.

Permitam-nos a liberdade de ser criativas, a oportunidade de errar. Ensinem-nos que não é necessário que sejamos perfeitas para ser aceitas. Concedam-nos nossos planos secretos, nossa música, nosso espaço para crescer. Aprendam conosco enquanto vamos descobrindo essas coisas. E, quando chegar a hora, deixem-nos ir.

Ashley Rice

Não me julgue pelo que fui ou serei,
mas pelo que eu sou agora.
Não me julgue pela roupa que uso,
mas pelas expressões do meu rosto.
Não me julgue pelo número de amigos que tenho,
mas pelos amigos que escolho.
Não me julgue pela cor da minha pele,
mas pela cor da minha personalidade.
Não me julgue pela minha maneira de falar,
mas pelo que escuto e pelo que ouço.

Não me julgue pelos meus olhos,
mas pela maneira como eles veem o mundo.
Não me julgue de nenhuma forma,
pois, se você me julga,
só está me comparando a você,
e eu não sou você.
Sou seu reflexo, mas não sou você.
Se você parar de me julgar
e usar o tempo para me ver de verdade,
talvez descubra que me ama como eu sou.

Jen Barnes, 19 anos

Ser amiga...

Melhor que sejam dois do que um, porque obtêm melhor proveito do seu trabalho.
Se um cair, o outro levanta o companheiro; mas ai daquele que estiver só; pois, caindo, não haverá outro que o ajude... Um sozinho pode ser vencido, mas dois resistirão; e a corda de três fios não arrebenta facilmente.

Eclesiastes 4:9-10, 12

A glória da amizade não está na mão estendida, nem no sorriso amável, nem no prazer da companhia; está na inspiração espiritual que vem quando descobrimos que alguém acredita em nós e está disposto a nos dar sua confiança.

Ralph Waldo Emerson

É menos importante a ajuda dos nossos amigos do que a nossa confiança em que nos ajudarão.

Epicuro

Amizade é mais do que momentos perfeitos,
doces lembranças e gargalhadas felizes.
Ela nos encontra nos nossos momentos mais tristes
e nos levanta para voltar a começar.
A amizade é a força de que precisamos
quando estamos muito fracos para avançar,
é o nosso coração quando não podemos sentir.
A amizade nos leva a nos ver
como somos de verdade,
e como podemos chegar a ser.
A amizade é nossa esperança, nosso consolo
e às vezes a verdade que preferiríamos não escutar.
É o apoio que nos mantém inteiros,
que segura nossa mão e também nosso coração.
É a promessa da eternidade.

Deana Marino

Coragem...

Você vai precisar de coragem se um amigo ou uma amiga cair no buraco negro da experiência e necessitar de sua ajuda para se recuperar. A adolescência é uma fase em que todos dizem que precisam se encontrar e se integrar num grupo. Ninguém está dizendo que isso é fácil, mas para alguns acaba sendo uma tarefa mais difícil do que para outros.

Vi uma das minhas melhores amigas cair de cabeça nas drogas. No início, quis ajudá-la. Deixava a porta dos fundos aberta para que ela pudesse dormir na minha casa nas noites em que estava muito mal para ir à sua.
Eu me achava boa amiga por não deixá-la na rua. Aquelas noites começaram a ser cada vez mais frequentes, e eu comecei a ficar com mais e mais medo do que poderia acontecer com ela. Numa noite, fiquei horas olhando para a porta antes de, finalmente, trancá-la e ir dormir.
A polícia a encontrou no banco de uma praça e a prendeu. Sabia que o que eu tinha feito me custaria sua amizade, mas isso era melhor do que perdê-la de vez.

Finalmente, conseguiu se recuperar e, mesmo que nunca voltemos a ser tão amigas como antes, sei que no fundo ela me agradece.

Amizade é mais do que momentos divertidos. Pode ser dolorosa e difícil. Nem todas as situações são iguais, e existem diferentes maneiras de tratar diferentes pessoas. Se for necessário enfrentar uma pessoa, é melhor não fazer isso em grupo, pois ela se sentirá isolada e pressionada. O melhor é falar a sós, mas se você tem certeza de que a única coisa que vai conseguir é que a pessoa se afaste, não perca seu tempo; isso pode piorar as coisas.

A decisão de contar a alguém – a um pai ou uma mãe, a um irmão ou a um professor – é muito importante. Se você tem um grupo de amigos que está a par da situação, vocês devem encarar juntos o problema. É difícil enfrentar sozinha uma situação assim, e você precisa compreender que não tem o poder de colocar um ponto final no vício de um amigo. Você precisa de ajuda.

Tudo isso é um processo longo e difícil que pode prejudicar sua relação com essa pessoa, mas você deve se lembrar de que está fazendo o melhor por ele ou por ela nessas circunstâncias. Talvez isso se transforme na decisão mais difícil que tenha de tomar, mas a decisão correta pode salvar uma vida. Não se esqueça disso.

A virgindade...

Esta é uma das grandes questões da adolescência.
E existem mil razões para esperar: porque não dá para voltar atrás, porque no momento não parece ser um relacionamento suficientemente profundo, porque... bem, porque sim.

É uma coisa mental: trata-se da sua cabeça e do seu coração, e de dividir uma parte de você com outra pessoa.

É uma coisa física: trata-se do seu corpo, e não só do que você sente fisicamente como também das consequências que pode ter que encarar: gravidez, doenças... você já ouviu isso antes. E a gente sempre diz: "Comigo não vai acontecer". Uma frase muito famosa que anda junto com outra bobagem: "Ele não vai gostar de mim se eu não fizer".

Pode **sim** acontecer com você, e se ele **não** gosta de você agora, o mais provável é que não goste depois.

Não poderia dizer em que dia da semana decidi, mas me lembro perfeitamente da expressão da minha melhor amiga um mês mais tarde, enquanto esperávamos os três minutos mais longos da minha vida para ver se aquele teste dava azul ou rosa.
Detesto que esse dia continue mais vívido na minha lembrança do que qualquer experiência sexual que possa ter. A verdade é que eu não estava preparada para enfrentar as consequências, aquilo que aconteceria se o teste tivesse dado positivo e, por isso, mesmo que me custe admitir, não estava preparada para ter relações sexuais.

Ninguém pode lhe dizer se você está pronta para o sexo. Seus pais vão dizer que não até você fazer 55 anos; sua melhor amiga dirá que ela estava, então provavelmente você também está; seu namorado... bom, você já sabe que ele acha que você está preparada. Mas ninguém sabe realmente o que passa pela sua cabeça, seu coração e seu corpo melhor do que você. Não se trata só do ato, e sim das mil coisas que vêm depois. O que mais assusta é que você não pode se arrepender.
E, por mais que no momento pareça correto, você deve decidir se vai valer a pena quando o momento passar e você voltar a mergulhar na realidade.

É muita pressão, mas não importa se todo mundo faz ou se ninguém faz. O que importa é o que você sente por dentro, o que sentirá amanhã e o que sentirá dentro de cinco anos quando se lembrar. Não se trata do seu namorado nem dos seus pais, nem da sua melhor amiga; trata-se de você. Nunca se esqueça disso.

Uma moeda no bolso...

Se eu tivesse ganhado uma moeda cada vez que a minha mãe me perguntou se eu tinha uma antes de sair de casa, seria milionária. Toda vez que ela me perguntava isso, eu me irritava. Pensando bem, eu me irritava toda vez que ela dizia qualquer coisa. Ela insistia que eu tivesse a moeda para, em caso de necessidade, poder ligar para casa. Nesta época dos telefones celulares, isso pode não parecer tão importante, mas as baterias falham, as agendas se extraviam e os telefones se perdem. É inevitável. Na minha vida passei por várias situações, desde perder a chave até amigos que tinham bebido demais.

Uma dessas ocasiões foi numa festa debaixo de uma ponte (um dos nossos lugares habituais). As coisas saíram um pouco do nosso controle e o nosso motorista responsável já não estava em condições de ser responsável... nem, pensando bem, de fazer mais nada. Eu deveria ter chegado em casa meia hora antes e não tive outra opção a não ser ligar para eles. Em vez de mentir, comecei contando a verdade. Meus pais entenderam e me respeitaram por ter tomado uma decisão madura.

Acredite ou não, seus pais também são pessoas, e mesmo que muitas vezes suas ideias pareçam antigas ou seus conselhos pareçam ridículos, eles também foram jovens e entendem sim... desde que você lhes dê oportunidade. A comunicação é importantíssima para que você possa crescer feliz na sua casa. Não é porque não confiam em você que os seus pais fazem coisas chatas, como, por exemplo, marcar hora para você voltar. Eles fazem isso porque temem coisas que fogem ao controle deles.

Se você conversar com seus pais e explicar que é responsável e que eles podem confiar em você pela maneira como a criaram, é possível que eles voltem atrás e percebam que você tem razão.

Quando alguém morre...

uma nuvem se transforma em anjo
e voa para pedir a Deus
que ponha outra flor num travesseiro.
Uma ave devolve a mensagem
ao mundo
e canta uma oração delicada que faz a chuva chorar.
As pessoas desaparecem, mas nunca
vão embora para valer.
Os espíritos lá em cima
deitam ao Sol,
despertam a grama,
e fazem girar a terra em círculos vertiginosos.
Às vezes são vistos
dançando numa nuvem durante o dia
quando deveriam estar dormindo.
Pintam os arco-íris
e também os entardeceres
e fazem bater as ondas
e agitar a maré.
Atiram estrelas cadentes
e ouvem os desejos.
E quando cantam no vento,
sussuram para nós:
"Não sinta muito a minha falta.
A paisagem é bela,
e eu estou muito bem".

Ashley Rice

Encontrar forças

Há momentos na vida
em que nos sentimos magoados ou sozinhos.
Mas acho que essas ocasiões
em que estamos perdidos
e ao redor tudo parece
desmoronar
são na verdade pontes para o crescimento.
Lutamos e tentamos recuperar
a segurança daquilo que passou,
mas quase contra a nossa vontade
emergimos do outro lado
com nova compreensão,
nova consciência,
novas forças.
É quase como se
tivéssemos de passar pela dor
e pela luta
para crescer
e alcançar novas alturas.

Sue Mitchell

A carta selada...

Meu avô morreu quando eu estava longe de casa.
A notícia desabou em cima de mim como uma tonelada de tijolos. Estas coisas são tão duras porque a gente não as controla nem pode influenciar. Ficamos cheios de raiva, sentimos tristeza, confusão, arrependimento e mais mil coisas que nos corroem por dentro, mas quando olhamos pela janela, o mundo continua como se nada tivesse acontecido. Isso era o que mais me doía. Lembro da volta para casa e como a voz do locutor do rádio me fazia estremecer ao perceber que o mundo ainda seguia em frente, quando a única coisa que eu queria era que ele parasse e sofresse comigo.

Eu estava magoada com a minha família, porque eles tinham tido a oportunidade de se despedir e eu não. Sabia que tinha de fechar o ciclo de alguma maneira, então escrevi a carta mais longa da minha vida. Derramei cada gota dos meus sentimentos naquele papel, e continuei escrevendo até a mão doer. Naquela carta contei ao meu avô as coisas que desejava ter lhe dito anos antes, falei sobre o meu futuro e de tudo o que gostaria que ele tivesse vivido comigo. Selei o envelope e o levei comigo para todas as partes naquele fim de semana.

Escrever aquela carta me aliviou a cabeça. Deu-me um tipo de consolo que nada mais poderia ter me dado. No meu coração, acredito que o meu avô ouviu as minhas palavras, e isso me ajudou a continuar com a minha vida. Quando alguém morre ficamos tristes, mas também nos enfurecemos, e é muito mais difícil porque a pessoa não está ali para nos ajudar a resolver o problema. Escrever aquela carta foi a minha forma de concluir o assunto, de me desculpar por tudo aquilo que não tinha feito bem e de manifestar minha alegria por tudo o que tínhamos vivido juntos.

Quando visito o túmulo do meu avô, eu lhe conto tudo o que está acontecendo na minha vida. Ainda fico triste por ele não estar aqui para compartilhar minhas coisas, mas sinto que ele está comigo, dentro de mim e que, em muitos aspectos, continua sendo parte da minha vida.

Dê palavras à tristeza... A dor que não fala sussurra ao coração angustiado e lhe ordena que se parta.

William Shakespeare

Uma caneta

Fico com muita vergonha de algumas coisas que fiz por aquilo que num determinado momento parecia ser amor, e espero que nenhuma de vocês tenha tido este tipo de comportamento obsessivo. Quando a gente se apaixona por um menino (especialmente por um que parece não estar ao nosso alcance), enlouquece um pouquinho. (Sim, estou levantando a mão.) Eu costumava colocar os meninos num pedestal e só me faltava fazer reverência para eles. Depois de ter colado fotos deles na parede do meu quarto, escrito mil vezes o meu nome com o sobrenome deles e usado camisetas com estampas da sua banda favorita, posso dizer com sinceridade que nenhum garoto é tão maravilhoso nem tão inalcançável.

Pode ser que ele queira fazer você acreditar que é perfeito, mas não se deixe enganar: ele não é. Eu acreditei que era. Durante um tempo estive louca por um. Era um ano mais velho do que eu e era perfeito, ou pelo menos era isso que eu achava. Voltávamos da escola no mesmo ônibus, e um dia eu o vi escrevendo alguma coisa num papel. A caneta dele caiu. Eu recolhi a caneta, levei-a para casa e jurei que a usaria o resto da minha vida.

Mas isso não foi o pior. O pior foi que ele (não sei como) descobriu. Numa tarde, quando ele e seus amigos atiraram canetas em mim pela janela do ônibus, achei que ia morrer.

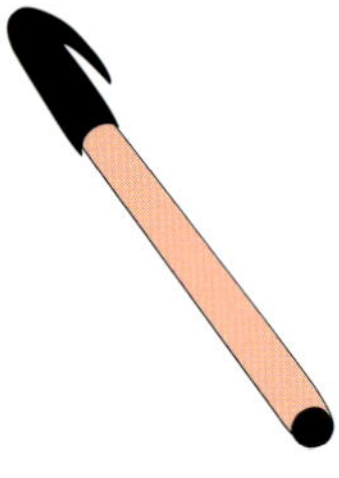

A moral dessa história não é que não devemos colecionar lembranças, e sim que você precisa entender a importância de ter confiança em si mesma. Imagine que, aproximadamente um ano depois, já esquecido o incidente da caneta e vendo o meu adorado com marcas de espinhas suficientes para saber que não era tão perfeito, começamos a sair juntos. Descobri que ele era somente um menino normal. Seu costume de falar pouco – que eu tinha tomado por indiferença – era na realidade timidez e, pouco a pouco, percebi que estava tão nervoso quanto eu.

Sempre tive de trabalhar a confiança em mim mesma. Tinha pavor da rejeição. Por que uma pessoa assim se interessaria por alguém como eu? Esta pergunta persegue muitas de nós, e a resposta é: porque você tem muito mais para oferecer do que imagina e, se não se der uma chance, nunca saberá. Os meninos percebem quando a gente é segura. Na maioria dos casos, não querem sair com garotas que os idolatrem. É muito difícil manter essa imagem. Querem sair com garotas que possam ser suas amigas e com quem possam se mostrar do jeito que são. Por que perder tempo colando a foto dele na parede quando pode falar com ele pessoalmente? Sei que não é fácil (ainda é difícil para mim às vezes), mas vá, conheça-o, demonstre que você é uma pessoa agradável e, no pior dos casos, fará um novo amigo.

É difícil terminar com alguém

Tire um tempo para estar sozinha,
e assim verá o quanto pode ser maravilhoso
estar consigo mesma.
Lembre-se de que estar sozinha
nem sempre implica sentir-se sozinha;
pode ser uma experiência linda
para descobrir sua criatividade,
seus sentimentos mais profundos,
e a calma e a paz que se ocultam dentro de você.

Jacqueline Schiff

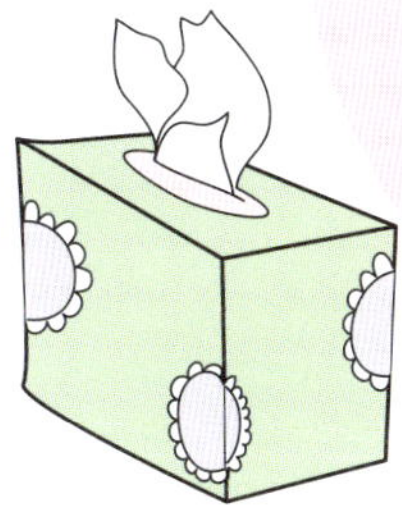

Haverá vezes
em que o amor parecerá perdido
e o ódio vencerá a razão.

Haverá momentos
em que a confiança levará à dor
e seus pensamentos se encherão de dúvidas.

Haverá dias
em que toda esperança parecerá enganosa,
em que a serenidade sucumbirá ao caos,
em que até respirar doerá.

Desejo-lhe mil sorrisos
para aliviar seus sentimentos desgarrados.
Desejo-lhe um manto de calor
para lhe dar paz e apaziguar seu sono.
Desejo-lhe um ramo de ilusão
para alimentar um novo começo.

Leeza Azraen, 19 anos

Um acessório

Por mais que um garoto queira fazer você acreditar que é a sua metade, ele não é. Ele hoje é um acessório em sua vida, como uma bolsa ou uma bijuteria. Você pode continuar sem ele, eu lhe garanto. Terminar um namoro dói. E essa é uma verdade sem rodeios. Mas, por mais que doa, não é o fim do mundo. O mais provável é que você termine muitos namoros na sua vida, a menos que tenha a sorte de encontrar o homem dos seus sonhos aos doze anos.

Meu primeiro rompimento verdadeiro me pegou desprevenida, e eu não imaginava que seria tão doloroso. O meu namorado terminou comigo pelo telefone sem nenhum motivo real. "Eu preciso de espaço." (Acostume-se com essa frase; todos a usam.)

Eu me tranquei no quarto e não queria falar com ninguém. Achava que não valia a pena viver sem ele (uma absoluta loucura que todas nós sentimos alguma vez). Quando por fim deixei de sentir pena de mim mesma e abri a porta do meu quarto para sair e ver a luz do dia, gastei incontáveis horas tentando recuperá-lo. Escrevia cartas, fazia que meus amigos falassem com ele, até passava em frente à casa dele mil vezes por dia para ver como estava sobrevivendo sem mim. Depois passei para a fase de provocar ciúme, tentando sair com pessoas que ele conhecia para que visse o que estava perdendo. Nem precisa dizer que eu parecia estar à beira da loucura, e isso não era atraente para ele.

Agora percebo o ridículo que era achar que não poderia sobreviver sem ele. Os erros que cometi depois de terminar começaram enquanto estávamos juntos. Transformei-o no centro do meu universo e, é claro, quando deixou de ser parte dele, eu me senti destruída.

Um namorado deve complementá-la e fazer de você uma pessoa melhor, não a metade dele. Você tem de manter sua identidade num relacionamento e ter sua própria vida fora do casal. Isso é muito importante para conseguir um relacionamento saudável e para sobreviver a um rompimento. Não tenha medo de ficar sozinha. Admito que sou a primeira a ser vítima deste medo. É bom ter um namorado com quem fazer coisas e dividir uma parte da sua vida, mas você deve consolidar uma base que lhe dê apoio se ele for embora.

Mesmo assim, terminar um namoro é difícil. Todas nós precisamos de um tempo para chorar, para nos consolar com quilos de sorvete e para nos encolher na cama para sentir pena de nós mesmas. Mas é necessário que nos levantemos, às vezes com a ajuda de nossos amigos e familiares, e voltemos a sair para o mundo. Compreenda que o mundo não pára porque você está sofrendo, e que seguirá adiante com ou sem você.

Faça as coisas que sempre gostou de fazer, com namorado ou sem ele. Assista a filmes, leia livros, saia para caminhar, faça exercício, vá às compras, vá pescar. (Há muitos peixes no mar, sabia?)

Uma festa...

Certo dia entendi que o meu namorado ocupava todos os momentos da minha vida e que, de certa maneira, eu tinha relegado os meus amigos ao que parecia ser o outro lado do mundo. Nem sequer tinha percebido. Estava tão imersa na minha vida amorosa que nada mais parecia ter importância.

Minhas colegas planejavam uma festa. Eu já tinha planos para esse dia com o meu namorado e fiquei com raiva porque elas não quiseram mudar a data para que eu pudesse ir. O que eu não entendia era que elas também estavam chateadas: eu tinha me afastado, não estava presente para ouvir quando tinham problemas, nem para que me contassem sobre as coisas excitantes que estavam acontecendo nas suas vidas.

O velho ditado: "**Os namorados vêm e vão, mas os amigos são para sempre...**" é verdade. As amizades que você faz a acompanharão por toda a vida, nas crises e nos bons tempos, nos rompimentos e perdas. Elas a tornarão mais forte e acalmarão sua dor quando você estiver frágil.

Quando outras atividades e outras pessoas começarem a monopolizar o seu tempo, é importante que não se esqueça das pessoas que sempre estiveram presentes quando você precisou. A amizade é a coisa mais maravilhosa do mundo. Nunca se esqueça disso.

Tenha vontade de vencer...

Não se pode adestrar o coração,
Não se pode adestrar o desejo;
eles sempre devem vir do seu interior.
Você pode aprender regras, desenvolver habilidades,
mas ninguém pode lhe ensinar a vontade de vencer.
Você deve procurar um pouco mais no seu interior
para extrair o melhor de si.
Deve ser sua própria motivação.
Siga em frente, nunca se renda, você deve ter um motivo,
você é sua própria força, sua própria inspiração.

Melissa Underwood, 15 anos

Acredite no que acha que vale a pena acreditar,
e nunca se detenha até que sinta que fez
todo o possível para alcançar os seus sonhos.

T. L. Nash

Conheça-se.
Descubra quem você é.
Escolha suas metas com cuidado.
Seja honesta consigo mesma,
mas não pense tanto em si
a ponto de analisar cada palavra e cada ato.
Não fique obcecada consigo mesma.
Encontre muitos interesses e se dedique a eles.
Descubra o que é importante para você.
Descubra o que sabe fazer bem.
Não tenha medo de errar.
Trabalhe duro para alcançar o sucesso.
Quando as coisas não forem bem
não se renda: se esforce mais.

Susan Polis Schutz

Nossa maior glória não consiste em não cair nunca,
mas em nos levantar depois de cada queda.

Confúcio

Ninguém disse que seria fácil...

Quando você estiver numa situação difícil e tudo parecer estar contra você, a ponto de achar que não aguentará mais nem um minuto, não se renda, pois você estará exatamente no lugar e no momento em que as coisas vão mudar.

Harriet Beecher Stowe

Às vezes...

Quando pensamos muito em nós mesmos,
ficamos exaustos e deprimidos.
Quando pensamos muito nas outras pessoas,
nos cansamos e nos estressamos.
Quando esperamos muito da vida,
pensamos que ninguém se importa conosco.

Então...

Sinta-se bem com o que tem.
Aproveite a boa companhia que o rodeia.

E...

Cheire as rosas ao passar.
Alcance suas metas e mire alto.
Busque a verdade mais profunda no seu coração.
Zele pela companhia tão valiosa quando estiver longe.
Cuide do seu coração e da sua alma.
A meta suprema é a verdadeira felicidade.
Ofereça sorrisos aos rostos sérios,
cure as feridas,
espere o melhor
e suporte o resto.

Kurin Seventh

Chá de ervas...

Quando penso na escola, a primeira coisa que me vem à cabeça é uma dor de estômago; a segunda, o chá de ervas. Passei muito tempo na enfermaria porque vivia tensa e me estressava por qualquer coisa. Um exame importante, uma discussão com um professor, uma festa: por qualquer coisa ia parar na enfermaria.

Depois de me examinar muito, os médicos relacionaram os meus problemas aos meus pensamentos, tanto os conscientes como os subconscientes. O simples fato de pensar numa quinta-feira num encontro que teria na sexta me dava dor de estômago. O cheiro do meu perfume antes de sair para uma festa me dava dor de estômago. Era estranho. Com o tempo, aprendi a aliviar a dor falando. Aprendi a acreditar que as coisas que me deixavam nervosa não eram tão importantes.

A questão é que nossos pensamentos controlam muito daquilo que sentimos. Às vezes nem sequer sabemos que estamos pensando em alguma coisa. O fato de falar para aliviar o medo, a tristeza, a ira ou a angústia pode reduzir bastante o estresse desnecessário que carregamos sobre os ombros todos os dias. Além de falar com os outros, pode ser útil ter um diário. Ao limpar a mente e colocar os pensamentos em perspectiva elimina-se o estresse e, sem dúvida, não precisamos de mais estresse na nossa vida.

Escrever listas das coisas que precisamos fazer pode nos ajudar a aproveitar melhor o tempo para não sentir que estamos tentando fazer mil tarefas num prazo mínimo. Para aproveitar a vida, às vezes é preciso não levar tudo tão a sério.

Quase toda a sabedoria do mundo concorda: de nada adianta nos preocupar. Isso só nos impede de avançar e ter um dia melhor.

Douglas Pagels

Aprenda tudo o que puder...

Pense, leia, estude com empenho dia após dia, e a mais difícil das provas a encontrará preparada e segura. Não perca o sono pela perspectiva de uma prova, nem brigue com os livros até que as letras comecem a parecer borradas... Enfrente suas deficiências e as reconheça; mas não deixe que a dominem. Deixe que lhe ensinem paciência, doçura, conhecimento.

Helen Keller

A educação não se dá com o propósito de se ganhar a vida, mas para aprender o que fazer com a vida depois de ganhá-la.

Abraham Lincoln

Os mestres abrem a porta, mas você deve entrar sozinho.

Provérbio chinês

De alguma maneira consegui me formar entre as melhores alunas. Naquela época eu teria dito que estava aprendendo muito, mas gostaria de ter aprendido mais. Não me refiro a ter estudado mais, mas a ter aproveitado melhor os meus recursos: as pessoas, o ambiente e as atividades. Embora eu detestasse os meus professores quando tinha de entregar um trabalho especial ou quando me davam uma nota pior do que eu achava que merecia, agora percebo o quanto eram inteligentes e que podia ter aprendido muito mais com eles.

Não veja seus professores como inimigos; tente desenvolver uma relação com eles fazendo perguntas e falando de diferentes assuntos. Você não vai conseguir com todos, mas tente se aproximar de todos que você puder. Eles não estão em sua vida só para ensinar o que está nos livros didáticos; podem guiá-la, aconselhá-la e abrir sua mente para muitas coisas se você lhes der chance.

A educação não tem a ver só com as notas que você tira. Trata-se também da experiência e do que leva dela. Você se sentirá bem ao lembrar que aproveitou ao máximo os seus anos de escola.

Prova de matemática...

Podemos tentar justificar que é um guia, uma ajuda ou até mesmo um olhar que foge sem querer, mas colar numa prova, por mais que tentemos justificar, é exatamente isso: colar. Se em qualquer momento você tiver alguma dúvida, ou sentir mesmo que seja uma mínima sombra de culpa na boca do estômago, é provável que esteja fazendo uma coisa que não deveria.

A questão é que a gente sabe quando alguma coisa não está certa. Podemos optar por engolir aquele nó na garganta e seguir em frente, ou gastar o tempo que for necessário para fazer o próprio trabalho sem correr o risco de nos meter em problemas. Às vezes parece muito fácil enganar, mas os professores são muito mais espertos do que a gente pensa. Já leram milhões de livros e provas e sabem reconhecer quando se trata de um trabalho alheio. Você poderá economizar tempo, mas realmente vale a pena se arriscar a

ser reprovada ou a que as pessoas não possam confiar em você? Se a pegarem, vão duvidar de que o resto do trabalho foi realmente feito por você, e, uma vez perdida a confiança, é muito difícil recuperá-la.

Muitas vezes teria sido mais fácil copiar um trabalho de um livro ou da Internet em vez de ficar acordada a noite toda, mas foi maravilhoso tirar uma excelente nota graças ao esforço próprio. É bom poder se parabenizar de vez em quando.

Supere a adversidade...

Você deve dizer o que pensa
se quiser que as pessoas saibam o que há na sua cabeça.
Você deve procurar o que quer
sem se lamentar pelo que não encontra.
Quando está triste, deve morder os lábios
e enxugar as lágrimas.
Quando está sozinha e perdida,
deve encontrar o seu próprio caminho para chegar em casa.
Quando ninguém a escuta
ou não a entendem, não se preocupe:
você sobreviverá sem ajuda.
Levante os olhos para o céu
quando se sentir abatida,
e não acredite que a tristeza não tem fim:
ela desaparecerá rapidamente.
Lembre-se sempre de que a vida é desafio,
e quanto mais você aprender,
mais se alegrará em saber.

Jodi Lynn, 19 anos

Pontos perdidos...

Uma das minhas professoras sempre me perguntava onde tinham ido parar os pontos que eu não tinha ganhado. Mesmo que eu tivesse me saído muito bem. Eu detestava sentir que nunca rendia o suficiente. Com o tempo, percebi que enquanto continuasse me esforçando e fazendo o melhor que podia, deveria aceitar numa boa as notas que tirava.

Afaste seus pensamentos dos seus problemas... pelas orelhas, pelos calcanhares, ou por qualquer outro meio que puder.

Mark Twain

Hoje eu vivo a minha vida de acordo com essa mesma regra: me mantendo à altura das expectativas que eu mesma me coloquei. É uma boa maneira de viver. É difícil satisfazer as expectativas alheias, especialmente as dos pais e professores. Nós nos sentimos extraordinariamente bem quando os outros se orgulham de nós, mas é mais importante poder dizer que você está orgulhosa de si mesma.

Não se compare com os outros. Você é e deve ser você mesma. Persiga seus sonhos e não deixe que ninguém a desanime. Seja o melhor que puder ser.

Aproveite o passeio

A única coisa que temos é tempo...
experimente fantasias
viva a realidade
acredite no destino
crie o seu destino
exponha perguntas
busque respostas
apaixone-se
mantenha-se de pé nas tragédias
perca-se
encontre o seu próprio caminho
enfrente os seus medos
ignore suas debilidades
erre
resolva seus problemas

esqueça o ontem
lembre-se do passado
planeje o futuro
deixe alguma coisa para trás
fuja do tempo
deixe-se levar pelo momento
incline-se em direção aos outros
ame a si mesma
amadureça na sua mente
seja jovem em espírito
leia
conte uma história
chegue ao seu destino
aproveite o passeio

Jen Barnes, 19 anos

AGRADECIMENTOS

Agradecemos a licença outorgada pelos seguintes autores, editores e representantes de autores para a reimpressão de poemas ou fragmentos de suas publicações.

Barbara Cage por "Nem sempre é fácil crescer".
Copyright © 2001 de Barbara Cage. Todos os direitos reservados.

Jen Barnes por "Não me julgue...", de *Good Judgment* e "Aproveite o passeio". Copyright © 2001 de Jen Barnes. Todos os direitos reservados.

Leeza Azraen por "Haverá vezes...", de *Wishes*.
Copyright © 2001 de Leeza Azraen. Todos os direitos reservados.

Melissa Underwood por "Não se pode adestrar o coração...", de *The Will to Win*.
Copyright © 2001 de Melissa Underwood. Todos os direitos reservados.

Kurin Seventh por "Às vezes...", de *Sometimes in Life*.
Copyright © 2001 de Kurin Seventh. Todos os direitos reservados.

Jodi Lynn por "Deve dizer...", de *This is my Life*.
Copyright © 2001 Jodi Lynn. Todos os direitos reservados.

Sua opinião é muito importante!

Escreva um e-mail para
opiniao@livropresente.com.br
com o título deste livro no "Assunto".